উৎসর্গ

ইউরিদাইস্ ও অন্তর্মুখ

সূচি পত্র

বিষয়	পৃষ্ঠা
ভূমিকা	4
কৃতজ্ঞতা পত্র	5
মাটি	8
সিন্ধু	10
যেমন	11
শূন্য	12
লেখনী	13
শস্য	14
ফিরে দেখা	15
বৃষ্টিতে একদিন	16
মানুষে মানুষে	17
জন্মভূমি	18
অলীক পৃথিবী	19
ইভের সাথে	21
তোমাকে বাঁচাতে	24
একলা আকাশের নিচে	26
শাস্ত্র হীন	28
বাঁচা	30

অজর 32
বৃষ্টি 33
আমলাশোল 35
নৌকো ঘাট 37
তথাগত 39
তোমার অভাব 41
অনেক কালের মেয়ে 42
সংজ্ঞার ভাষা 45
অচেনা দিনে 47
কিনারা 48
পারানি 50
জেনেসিস 52
স্বপ্ন ছুঁয়ে 54
অঘ্রাণের শেষে 55
এই ভ্রম এই সত্যি 56
যুদ্ধের ছড়া 58
পোস্ট মডার্নে 60
রক্ত পলাশের কবিতা 61

ভূমিকা

আমার প্রথম কাব্য গ্রন্থ ; পরা-বাস্তব জন্মভূমির একগুচ্ছ কবিতা। আমাদের বাঙলার গ্রাম, শহর- মফস্বল ,সব ঘুরে বেড়ালে,বোঝা যায়,এখানে বহু জনগোষ্ঠীর একটা একটা টুকরো বসত , তার সব প্রত্ন বৈশিষ্ট্য নিয়ে, ইতিহাসের অনেক ঘাতপ্রতিঘাত অতিক্রম করে, ক্রমশ বেঁচে থাকার এক তৈরি হয়ে ওঠা ছবিতে, পরা-বাস্তবের মতো জুড়ে আছে। একটা অস্পষ্ট বোধের মতো তা থাকে।কবিতার প্রত্ন বোধ মনে হয় । এখানে প্রগতিশীল মানুষ আছেন । এগিয়ে যাওয়া মানুষেরা রয়েছেন। সেখানে তখন উত্তরাধুনিক এর আয়োজন । আমার সে যোগ্যতাই নেই । এগুলো সে অর্থে হয়ত আধুনিকও নয় .।নেহাত মকশো । একপ্রকার ফেলে দিয়েছিলাম ।আমার বোধেও এই কবিতাগুলির আবেগ ,কিনারা বা তার পাশেই আমলাশোল বা `সত্তরের সময়` হঠাৎ চলে আসা , অথবা অঘ্রানের শেষে অলীক কোনো নদীতে ভেসে যাওয়ার আকাঙ্খা ,বা এই বাঙলার ইভ ও আদমের গাছের নিচে দাঁড়িয়ে সেই গাছকে কেটে ঘর বানানোর বা দেশ বানানোর নিরুপায় ব্যস্ততা , এগুলোর খুব স্পষ্ট সম্পর্ক ছিলো না ;তারা সব হঠাৎ একদিন এই নামে একসাথে চলে আসে ।খুব সংক্ষেপে এই আমাদের জন্মভূমির উপকথা ।

কৃতজ্ঞতাপত্র

কবিবর নীরেন্দ্রনাথ ,কবিবর সুনীল এবং আমরা-অনেকে'র কমবেশি-বয়স-উনিশের কবিতা পাঠের সভায় ,কবিবর নীরেন্দ্রনাথ ছন্দ জানবার কথা বলেছিলেন, আর আমাদের সবার পড়া কবিতার উল্লেখ করে কিছু না কিছু বলেছিলেন তারা দুজনেই।ছন্দের কথায় কবিবর সুনীল "কবিতার ক্লাস" বইটির কথা বলেন।সেই প্রথম পাথেয়। সে সব কথা এখন উজ্জ্বল,অতীত ,দৃশ্যপট।তাদের সেই বসে থাকবার ভঙ্গী ,কথা বলবার ধরণ ,সব।ছন্দ এর নিয়ম শেখা তারও ছ'বছর বাদে,সেই "কবিতার ক্লাসে" ই ।আর তার ও একযুগ বাদে "এই উপকথা"।

এইসব কিছুর ,এদের স'বার ,আর ও অনেকের প্রভাবের এক অভ্যাসের একটি ডায়রী থেকে এক অর্থে নাম পেয়ে তারা কাব্য গ্রন্থ হয়েছে।আমি কৃতজ্ঞ তার কাছে , যে সরিয়ে রাখা বা এক অর্থে ফেলে দেওয়া ডায়রীটা এক জায়গায় তুলে রেখেছিলো ।সুন্দর ক`রে সাজানো ছিলো ।আমি নূতন করে খুঁজে পেয়ে ,তাদের যন্ত্রস্থ করি । তিনটে কবিতা নামের মধ্যে আসে নি ।

আমার বন্ধু উৎপল কবিতাগুলো সম্পাদনা করে দিয়েছে ।ও আমার মতই নিজেও লেখালেখির চেষ্টা করে।আমাদের "অন্তর্মুখে"র এক সংখ্যার প্রকাশনা এখন অনেক কালের বিস্মৃত এক গল্প ।তা সত্ত্বেও এখনও এই উপকথাতেই ওর বসবাস ।

কিন্তু চব্বিশে ছন্দ শেখা আমার কবিতা লেখার এই সব ব্যর্থ চেষ্টা , আমার পরিবারের লোকও মেনে নিয়েছে একপ্রকার ।তাদের প্রতি আমি অশেষ কৃতজ্ঞ ।

এই পর্বের কোনো কবিতা আগে কোথাও প্রকাশিত হয় নি ।দু - একজন পড়েছে মাত্র ।কিন্তু মাঝে মাঝে "দাহপত্র" বা স্বরূপ চন্দের `রামকিঙ্করে` প্রকাশিত কবিতা এই উপকথার জন্মভূমির বৃহত্তর জগৎ।এদের সবার প্রতি এবং প্রকাশনার সাথে যুক্ত স 'বার প্রতি আমার অকৃত্রিম কৃতজ্ঞতা রইলো ।

অর্ফিয়াস রায়স্বর্ণধীর

উপকথাদেশ,ম্যালিন্দিয়া, আগস্ত , ২০২০

জন্মভূমির উপকথা

অর্ফিয়াস রায় স্বর্ণধীর

*

মাটি

ব্যাথায় তুমি তাকিয়ে আছো মাটি
তা`ই আমাকে দিও
দুঃখ জেনেই দুঃখ সব রাখবো তবে;
শেষ ব্যাথাতে পিতাও তাই বলেছিলো
`ভালোলাগছে ,বুকের মাঝে বাজছে আমার
নূতন ভালোলাগা`

আগুনে তার পুড়িয়ে শরীর ,ধৌত করে জলে
তোমার কাছেই দিয়েছি করজোড়ে,
অন্ধ ছিলো যুগল করপুট
পাশ থেকে কেউ বলেও ছিলো
বিচার শেষ ,ক্ষমাই চেয়ে নাও

সব কি তুমি রাখো ,কোথায় রাখো তাকে
এতোবার যে পোড়াই তোমায় ,তবু
তুমি প্রশ্ন করো না`তো

রক্তিম হও ,মুখের প`রে ফুটিয়ে রাখো
লক্ষ হাজার ক্ষত

সেসব দেখে মানুষই তোমার বিচার করে
ভালো না কি খারাপ তুমি ,কতটুকু কা`জে র
কিন্তু তাকে তুমি কিছুই ব`লো না তো
ব্যাথায় শুধু তাকিয়ে থাকো , শোনো

সিন্ধু

পাশ থেকে দ্যাখো তুমি সিন্ধু ফিরে ফিরে
যেন আদিগন্ত শুধু বালুকার চর
জ্বলছে সূর্য্যের জ্বরে ;বুঝিনি তখন
একবার ,বারবার ,সহস্রবারেও

জীবন কেটেছে মাত্র একটি ই দিনে
তুচ্ছ বুনোফুল,অর্থহীন কথকতা কত
ফেলে রেখে ফিরে গেছি ; ভেবেছি,কোনোও দিন ও
ফিরবো না আর

তবু সে পুরোনো গাণ্ডীব,অর্জুন আকাশ,
পাশ থেকে দেখে তুমি ফেরালে আবার
ফিরে এলো নীলাভতা, পুরোনো, বন্ধুর ,
অপার বিস্তার সহস্র-জট-বটের ফলের মত যেন
ফিরে এলো আবার ও দু-চোখের জলে ,
সিন্ধু

যেমন

যেমন-

আকাশ সারা জীবন তোমার সাথেই থাকে

অথচ তাকে তুমি ছুঁয়ে দিতে পার না

তার থেকে নিষ্কৃতিও চাও নি কখন ও

যেমন-

আকাশ সারা জীবন সাথে সাথেই থাকে

তোমার দিকে দু হাত না বাড়ালেও

তার দিকে একবারও দৃষ্টি না ফেরালেও

সে কিন্তু সারাটা দিন তোমাকেই দেখে

যেমন-

পারতে ; কিন্তু তুমি তাকে শূন্য ও করোনি আজ ও

এই ই তো অভিমান ; ভালোবাসা আমাদের

শূন্য

তোমার কানে ঝুলিয়ে দিলে দোল
জ্যামিতি খাতায় বৃত্ত তুমি
চার-হাতের টান্-টুনে সম্পর্ক
কমিকের ছবিতে ভিনগ্রহের যান
চোখের মধ্যে কালো হীরে
অথবা নীলাভতা
অর্থাৎ দিনের আকাশ
অথবা রাত্রির অন্ধকার
মধ্যাহ্নের জলে সূর্য্য তুমি
রাতের আকাশে চাঁদ অর্থাত সে
এক এর বাঁ-পাশে তুমি স্বরূপ নগর
ডানদিকে তুমি ই জগত
শূন্য মানে হেটে হেটে পার হ`য়ে এসেছো সব ই

লেখনী

লেখনী দিয়েছো তাকে আঙুল দাওনি
কি করে আঁকবে সে মেঘ তবে অর্জুন আকাশে
ধর আর বৃষ্টি হোলো না ,তবে' তো মাটিও উঠবে শুকিয়ে
ধর আমি সেই নদী যার পথ তুমি
ফিরিয়ে নিয়েছো

শুকোনো মাটিতে ঘুরে , ঘুরে ,তার পুরোনো শরীর আজ
এসে দাঁড়িয়েছে ,তোমার ঘরের দাওয়ায়
অপার্থ পুরুষ সে তো , ভালো তোমাকে বাসে নি
ছিলো না অধিকার ও তার
তা`ই বেসেছে তোমার `বাসাকে
কী কোরবে আজ তাকে তুমি ;আবার ও ফেরাবে ?
না কি এইবার ছিঁড়ে দেবে আঙুল ক`খানি !

শস্য

এতো দূরে থাকো তুমি

তবু সব শস্য তোমার থেকেই জন্ম নেয়

এই অন্ধকার আজ আমার পৃথিবী

বড় দূরে থাকো তুমি

তোমার অভাবে ,সব শস্য নষ্ট ও হয়, একদিন

ফিরে দেখা

কথায় ব`লে ফিরে দেখায় ভালোবাসা আছে
ভয় হয়, হয়তো বা আছে
থাকুক ,বর্ণনাতীত আলোর উৎসের মতো
থেকে যাক তবে
পোড়াক, পুড়িয়ে মারুক আমাকে প্রখর রৌদ্রের মতোন
দেখবো না ,মানায় না আমার ফিরে দেখা
নিষেধের বেড়া ভেঙ্গে সে পড়ুক তবে

আমার ও চোখে মুখে;

ধূলার কাছে নুইঞে এনে ধুইয়ে দিক
অবাধ অশ্রু কণায়

পালিয়ে এসেছিলো তারা ক`বে তোমাকে ফেলে
আমি তাকাবো না পিছু ফিরে
আমাকে কি ওসব মানায় ,আজকেও

বৃষ্টিতে

একদিন বৃষ্টিতে আমরা ভিজবো একাকী খুব
দীর্ঘ বৃক্ষদের মতো দাঁড়াব দিগন্তে ঋজু
অথবা মেঘেদের মত অস্থির আকাশে আকাশে
বজ্রের সমূহ আঘাতে ধ্বস্ত ,ক্লান্ত আমরা
আবারও নতুন সূর্য্যের মতো জ্বলতে সেই দেহখানি নিয়ে
একদিন বৃষ্টিতে দাঁড়াব একাকী ভিজতে খুব

মানুষে মানুষে

মানুষই রয়ে গেছে মানুষে মানুষে
মরুচর হোয়ে আছে বালিতে বালিতে
অনন্ত বিস্তারে জল সমুদ্রে সমুদ্রে
অসাধারণত্ব যদি নীল সত্যি হয়
তবে তা`ই মাত্র
পৃথিবীর শীর্ষতম দৃশ্য আকাশ থেকেও
বিলীন বিস্তার জুড়ে সেই মাত্র সত্যি
একটাই মাত্র চেনা বুনোফুলে যদি
পূর্ণ হোয়েছে কোনো অখ্যাত ঘাসজমি
যদি চাঁদ মুগ্ধ হয় তাকে দেখে
রাত্রির স্নিগ্ধতাতে
যদি সূর্য্য প্রলুব্ধ হয়ে থাকে তাকে
আলোকিত করবার প্রেরণা পেতে

তবে তুমিও তো সাধারণ নও

জন্মভূমি

তোমার কথাই লিখি
সহজ কথাই লিখি আজকাল
সহস্র যুদ্ধের অন্ধকার পার করে
আবারও সূর্য্য ওঠে
সে`ই এক ভোর

বুঝেছি তুমিও যাবে চলে
এতো কথা, এতো সব সূত্র ,কূটতর্কগুলি
বোঝবার সময় এ জীবনে আসবে না আর
তোমার চেয়ে জটিল আছে কেউ ভাবতে পারি না
তোমার চেয়ে সহজ হবে কেউ আশাও করি না
সকাল গড়িয়ে দুপুর তারপর বিকেল
রাত্রির অন্ধকার অথবা সাদা চন্দ্রাতপ
শেষ পাশ থেকে জীবনের
সহজভাবেই আজ একা দেখি তাকে

অলীক পৃথিবী

একটি কবিতার জন্য একদিন এক অলৌকিক পথে
তোমার কাছেই চলে যাবো আমি
ভেবেছি তোমার বুকে মুখ লুকিয়ে কেঁদে উঠবো
শিশুদের মতো;
আমি কি তা পারি

কিন্তু তুমি , তুমি

যে মরুতে যোজনের পর যোজন জল নেই কোথাও
সেখানেও তুমি যত্নবান
রাত্রির স্নিগ্ধতায় আরও জ্যোৎস্নার স্বপ্ন গড়েছো
আমি পারিনি তা

সহস্র যুদ্ধের পর
আরও সহস্র অধিকারহীন
অনেক প্রগতির পর ,আরও অনেক মানুষ

চলে গেছে বৃত্তের বাহিরে

ভগ্ন কুটীর ,নেই জল
আহারও সামান্য
তুমি যত্নবান

তারপর ক্রমে অশ্রুহীন হোলে চোখ
আমাকে দিয়েছো কোল
আজ দেখি প্রায়ান্ধকার মহাকাল
ব্যপ্ত করে ঢেকে আছে এই চরাচর

কিন্তু তুমি , তুমি

সমস্ত নক্ষত্রর আলো নিয়ে আজও
আলোকিত করে আছো অলীক পৃথিবী

ইভের সাথে

আমরা গাছের নিচে এসে দাঁড়ালাম
গাছকে আমরা অনেক প্রশ্ন করতে চাই

নির্বাক গাছ সে দূরে একাই থেকেছে
শুকনো কয়েকটি পাতা শুধু ঝরিয়েছিলো মুখে
আর কিছু বলেনি সে ,ছায়া দিয়ে ঢেকেছিলো দগ্ধ চরাচর

দু-একটা পাখি ডেকেছিলো , তারাও অস্থির
কতক্ষণ দাঁড়াব,বলেছিলে তুমি
মানুষের মানায় না গাছের মতো ধীর

গাছ তার শাখাদের দুলিয়ে ক্রমে
পাতাদের শরীরেও ছড়িয়েছিলো কাঁপন
যে পাখিদের আশ্রয় দিয়েছিলো
তাদের মধ্যেও বিরহ ছড়ালো

তুমি বললে; পাখিরাও বলেছিলো
আমার সাহস নেই ওড়বার

আমরা সেই গাছের নিচে দাঁড়িয়ে
সেই গাছের কাছে ঘর বাঁধতে চাই

সেই অরণ্যে সেদিন ভয়াবহ দাবানল এক
ছড়িয়ে গিয়েছিলো
আমি বলেছিলাম `জল` ,
তোমার মুখে ছিলো ভয়;
গাছ আমাদের শুকনো পাতায় ঢেকে রেখেছিলো

বলেছিলো ,বিরহে অনল এমনই জ্বলে,
আজীবন দূরে থেকে থেকে
তুমি বাঁচবে না , বলেছিলে ,এভাবে বাঁচবে না ,ঘর ছাড়া তুমি

গাছ তখন নদীর মতো , `কুঠার আনো` বললো আমায়
তুমি অস্থির ,বললে `বোকামি করো না আর `;
ঝড় থেমেছিলো ,নিভেছিলো দাবানল ,গাছ বলেছিলো ,
`শরীরের অন্তর পার করে ভালোবাসা মানুষ পায় না কখনো ,

তবুও কেন সে মানুষকেই খোঁজে ?`

আমার হাতে তখন স্বপ্নের সোনার কুঠার একখানি
গাছ বললো ,থামো
তুমিও যদি আমার কানে সোনার দুল পরাও
তারপর এঁকে দাও টানা টানা দুটো চোখ
তবে আমিও তোমার কাছে একদিন চলে যেতে পারি:
ব`লে সেই গাছ ,হেটে চলে গেলো দূরে ,একলা রোদ্দুরে

অস্থির তুমি , বললে ,গাছের কাছে প্রশ্ন করা বৃথা ,
মানুষ কখনও গাছের মতো হোতে পারে না

আমি তখন কুঠার তুলেছি হাতে ;
আমরা যে গাছের কাছে ,গাছের ছায়ায় ঘর বাঁধতে চাই ।

তোমাকে বাঁচাতে

আকাশের বুকে নীল আছে
তাই নীল রঙে আমি আকাশ খুঁজেছি

তোমার চোখে আকাশ আছে
তা`ই আকাশের রঙে আমি অন্ধকার জেনেছি

যে তুমি গরাদ বানাও,আমি চাই ,সে
আজ জেনে নিক
তোমাকে একদিন গরাদই বানাবে

আর যদি তুমি তাকে, না ভাঙ্গ এখন
তবে জেনো গরাদ নিশ্চয় ভাঙ্গবে তোমাকে

যে শৃঙ্খল অন্যকে শাসন করে তোমার ইচ্ছায়
তোমাকেও শাসন করে সে শৃঙ্খল সবদিন

বুদ্ধিমান বলে তুমি তা বোঝো না আর
যেন আকাশের রঙে শুধু নীল দ্যাখে ওরা
আমার ,তোমার ,আমাদের অন্ধকার কখনও দেখেনা

নিজেকে বাঁচাতে তা`ই
আজ তোমাকে ,তোমাকে বাঁচাতে চাই

একলা আকাশের নিচে

তোমার চোখের থেকে অশেষ আলোক শুষে নিয়ে
আবার ও একটা অমল জীবন পেয়ে যাবো ,ভাবি

এখন আমরা সকলেই জেনেছি কীভাবে বাঁচলে
কড়ি টড়ি হবে
অন্যরকমের স্বপ্নদের সমাধি ফলকের খাঁজে
নতুন পাখিদের আনাগোনা হয়নি যদিও
তবু আমাদের ঘর বাঁধা আছে

আমাদের স্বপ্নের শিশুটি খেলে, দেখি
তুমি`ও শিশুদের মতো,হয়তবা,তার চেয়ে'ও বেশি 'হাসি'

তুমিও কি স্বপ্ন দ্যাখো
আমাদের ,মানুষের , স্বপ্নের

একলা আকাশের নিচে তোমাকে একলা দেখায় আরও

তা'ই এসবও ভাবি আজকাল

অনন্ত জীবন ,আয়ুর ,স্বপ্নের কথা ভাবি

শাস্ত্রহীন

শাস্ত্র জানি না আমি ,ঈশ্বর`ও নয়
যখন তোমাকে দেখেছি, প্রথম , মুগ্ধ চরাচরে
ছিলাম মগ্ন ,ক্রন্দনে অথবা হাসিতে

এখন প্রতিটি দিনই
পাখিদের ঠোঁটে
ঋক-কথা শুনি

সকালে অথবা সূর্যাস্তের পর
তোমার চোখের কোনে জীবনের প্রহরগুলি যেন
আকাশের বাতাসের সাথে মিশে যায়

ঈশ্বর বুঝিনি আমি
তা`ই চুপ করে থাকি
আমার শাস্ত্র নেই ,জানিওনি কোনো
এটুকু বুঝি ,সব কিছুরই নিয়ম একটা আছে

আমার তা নেই

পাখিদের ঠোঁটে যদি কোনোদিন গান হই
অথবা পাখিই হই আমি কোনোদিন
তখন তোমাকে পাবো

বাঁচা

আকাশ দেখেছি আমি অন্ধ রাত্রে
এখন প্রতিটি দিন
মেঘেদের ওড়াউড়ি দেখি
তোমার মুখের মতো `তারা` যেন
জীবনে মৃত্যুতে মেশামেশি করে আছে
যেন দুই চোখ ,ভেঙ্গে ভেঙে ,ভেঙে অন্ধকারে
সহস্র নক্ষত্র জ্বলে

আকাশ দেখেছি আমি
তোমার আকাশ
আশায় আলোয়
তোমার ই সন্দীপনে

অনন্ত জীবন অথবা মৃত্যুর মতো
ছোটো করে ,খুব ছোটো করে

তোমাকে বোঝবার প্রয়োজনে ভেবেছি
তোমার থেকে আমার
এক অনন্ত প্রতীক পথ
পূর্ণ করে ,জুড়ে,
একটাই অবয়বহীন ,বিমূর্ত জীবন
আপাত ,অথচ একমাত্র সত্য,

রয়ে যাবে এই
পৃথিবীতে আমাদের বাঁচা

অজর

শরীর ক্ষয়েছে
অস্থি ক্ষয়ে ক্ষয়ে আছে ,ভিতরে ভিতরে
তোমার তারার আলো আজ
মৃদু নীলাভতা
চোখ থেকে চোখে বিনিময়গুলিও
দুঃখ আনে না কোনোও
শুধু নীরবতা ,নিঃশব্দতা

অনেক দূরে আকাশের সীমানায়
অথবা সময়ের দিগন্তে
প্রতিটি মানুষ নক্ষত্রের মতো জ্বলছে অনন্তকাল
এভাবেই আমরা বেঁচেছি
বেঁচে যাবো ,দেখো

বৃষ্টি

তোমার বৃষ্টি এলো সুদূর থেকে পারে
অভিমান তার
ঠুকরে নিয়েছে
মাটির নরম আঁশ

আলো, ঘাসে ঘাসে, জ্বলছে এখনও
হয়ত এভাবেই সারাটা জীবন জ্বলে

সূর্যের মতো অমোঘ ,
সেই আদিম বিস্ফোরণ, ভুলে যেও তুমি
পুরোনো হোয়েছে শরীর অনন্ত থেকে সরে
আমি আর সদ্ নই
তোমার মতো পারিনা তা হোতে

ভোরবেলাকার স্বপ্নেও অন্তত একবার
জ্বলে ওঠবার আকাঙ্খাও করিনা এখন

তোমার বৃষ্টি ঝরে ,ঝরুক
পৃথিবী ছেয়ে যাক তা`র শব্দের মৃদু ঘুমে

আমলাশোল

পাতা কুড়িয়ে কুড়িয়ে জীবন কেটেছে
জীবন কেটে কেটে চলে গেছে অর্থের নদী

কোথায় চলেছে !

ভ্রমণের শেষের সূর্যাস্তে ,
দেখ ,পাড়া ঘুমিয়েছে

অনেক সৎ আর সরল মানুষ দেখলে
আশা জাগে মনে
এখনও ভালোবাসা
আছে পৃথিবীতে ,মনে হয়

একদিন আমাদেরও বিশ্বাস ছিলো
আজ তার আর অর্থ নেই কোনো

তোমাদের আকাশ, সূর্য্য আর পৃথিবী নিয়ে

তোমরা এখানে আসো

ভ্রমণে বেঁচে যাবে ,হতে কি পারে তা`ও

এই আমলাশোলেও

আশ্বাস আমাদের আকাশ একটাই

তোমাদের হয়তো তা মানুষ হিসেবেই মহৎ এখনও ক`রে

কিন্তু এ পৃথিবীতে বিশ্বাস আমাদের থাকবার

দেয়নি তা আজও

নৌকো ঘাট

জেনেছি আমাদের দূরে দূরেই থাকতে হবে সবদিন হয়ত বা
প্রথম দেখাতেই দু- চোখ একথা বলেছে
যদিও নত ছিলো রহস্যের কি এক করুণ ঘেরাটোপে

আমরা জেনেছি , নিয়েছি মুহূর্তেই সহজ হিসেবও মিটিয়ে
আমরা শিখে গেছি ,মুহূর্তে ,দেখামাত্র একই হোতে হয়
জীবনে বারবার যোগের কথা যদি ওঠেই কখনও
আমরা জেনেছি ,একই হবে শেষে, দুইয়ে দুই যোগে

যদিও মাঝখানে গভীর নদীখাত ,অপার জলরাশি,
ঢেউয়ে ভাঙাচোরা জাহাজও আমাদের ভেড়েনি তীরে আর,

দুর্গম পাথরের কন্দরে হারিয়েছে অনেকই আমাদের,
তবুও -যে নৌকো ভিড়ছে ,এইঘাটে আজ
তাকেই উৎসব মেনেছি এতোদিন

এবং জেনেছি ,সে অনাদি কোন কাল থেকে চলমান

এখনও আমাদের হাত ধরে,তার ও তোমাদের ,তোমার ,এভাবেই

বাকিটাও যেতে হবে

তথাগত

দেখেছো তথাগত , ঈশ্বর কা`র ,এই নিয়ে হোয়েছে কথা

শুরু

বর্ষণ জল নিয়ে বিবাদ বিসম্বাদ হয়নি শেষ কখনও

নিশ্চয় জেনে গেছো যেকোনো দিন হবে সেসব কথাও

চারণ ভূমি নিয়ে বিরোধ ,তর্কাভাস; বিন্দুতে দেখা সিন্ধু

এই চির দুর্গতি থেকে সরে, দেখেছো কখনও কি ?

পেয়েছো, খুঁজে পেতে ,ধান্যের বীজ যারা ,

তারাও -যাযাবর ,নিষাধ ,

অন্য সকলের থেকে ,-

পাওনি ছাড় একটুও ;বরং

পড়ে

গিয়েছো গেরোকলে;

মাটিতে লাঙ্গলের ফলায় বিঁধে বিঁধে কর্ষক , চাষা-ভুষো,

চণ্ডাল ক্রমে এবং শেষটা

নির্বাসিত তারই পায়ে হাতে

অথচ তুমি জানো ,হবে না প্রায়শ্চিত্ত্যে দোষের কোনো হ্রাস
দ্বেষ যে চিরকাল, মানুষ বেশি করে বেসেছে ভালো,আর
এই ভালোই দিয়েছে সবকটি মুকুট-পালক তাকে আজ

তুমিই শুধু একা মূর্খের মতো গিয়েছো বলে,এক এক জন্মকাল !

দুঃখ যে সকলের দুঃখ নয় ;অন্তত বিবেচিত হয়না কখনও
এবং হয়তো সম্ভবও নয় কোনোও দিনও; এরকম কথা
 কেন বলনি,তথাগত!
যদিও তুমি জানো ,জেনেছো ,
জীবনের কঠিন `সত্যি এই`!

তোমার অভাব

পাখিরা বলেছে গান ,তুমি গান লেখো
নদীরা বলেছে ,কথা সব তোমারই
আমি নদীদের কথা ,লিখে লিখে রাখি
তুমি ভুল করে কিছু ফেলে রেখে যাবে,
ভাবি , নদীদের মতো তোমার স্বভাব
হওয়ার কথা ছিলো ,তুমি কি তা জানো!
পাখিরা বলেছে গানে , গান আর গান,
বলেছে ,তোমারই মতো দিতে হবে তাকে
বেগুনী বর্ণের সব নগদ সন্মান ;
বলে পাখি ,লুকিয়েছে ,দুই ঠোঁট তার

দুদিকে ছড়ানো ডানা ,নির্ভর হাওয়া
সকালে রক্তের রাগ ,দিনের দাহন
মুখে মুখে খড়কুটো ,জড়ো করে জড়
বলে তারা সব কিছু তোমার ই স্বভাব
লিখি তারাদের কথা ,লিখি অভাব তোমার

অনেক কালের মেয়ে

১

যত দূরেই যাই
তোমার কাছেই যাই
যত কথাই বলি
তোমার কথাই বলি

২

তিনভুবনের পারে
তিন আকাশের পরে
কোথাও কিছু নেই
একলা রুপোর চাঁদ

৩

অনেক অনেক তারা
সূর্যের দিন শেষে
বললো আমায় দাঁড়া ,-
হঠাৎ শুয়ে মাঠে

৪

ঘাসের পরে ঘাস
মধ্যে একলা বাড়ি
ক্ষয়েছে ইট যত
প্রাসাদ যেন তবু

৫

এই ত` দেখ ,দেখ
বললো প্রাচীন তরু
জানালাগুলি খোলা
দরোজা সব নেই

৬

ভিতরে যাই , যাই
এঘর থেকে ওঘর
ভাবছি আর ছুটছি আমি
কী হবে সব বাধার

৭

হঠাৎ তোমার হাসি
এই ত` আমি ,আমি
আকাশে তখন দেখি
তারার তিমির কত

৮

বললে তুমি , `ভয় কি অতো,

দূরেই যত থাকো

খুঁজেও না পাও যদি

তোমার কাছে ,তোমার কাছেই আছি

৯

অনেক কালের মেয়ে আমি

তোমার কাছে দিব্যি বসে থাকি ॥ `

সংজ্ঞার ভাষা

বলবো না কোনো কথা ,যদি দরকার না`ই হয়
যদি দরকার না হয় কখনো ,ধরো এই এতো কথা
এতোদিন ধরে বলা হোলো ,হয়ে গেছে তা`ও অনেকগুলো
 বছর
কেন বলা হোলো ,তুমি কি কখনও ভেবেছো এসব
সত্তরে আমরা অস্থির ছিলাম,ব্যস্ত কি ছিলো না সময়ও
আজকে ভাবতো ,কত তাড়াতাড়ি সব হারিয়েছে
আলো ,নীল রঙ ,আকাশের শেষ ,বন্দুকের গুলি;
তবু যা হোক কয়েকটা ছুড়েছি আমরা ,না হ্`লে,
`কী` বলার থাকতো আমাদের এখন ,স্মৃতি?
মাঝে মাঝে এই ভ্রম কাজ করে ,তথ্যকে আমরা
ভুল করে ,ধরে নেই স্মৃতি ,সময়ের আঁশগুলি
বুঝতে পারিনা ,নিয়তির ধার তাকে তুলে
আমাদের সামনেই ,তুলে ,দ্যাখো ,ফেলে রেখে গেছে
অলিন্দে,উঠোন জুড়ে মৃত, অর্থহীন, কিছু কথকের
 বাচালতা

তার চেয়ে কত সুন্দর দেখ তোমার ছেলেটি সহ্য করে

অনায়াসে,

বারুদ ও অপমান ,তারপর ঘুমোয় ;প্রভুরা তা`ই বলে

যদিও আমার মনে হয় ,সংজ্ঞার ভাষা হারিয়েছি আমরা এখন

অচেনা দিনে

আমার এখন মেঘ -আকাশ আর অনেকটা রোদ্দুর
নূতন নূতন টানা পোড়েন ,যাবো কি না ভাবায় এখন ,
গেলেই বা কদ্দূর
চুল উড়বে ,মন পুড়বে,জ্বলে উঠবে নিবু প্রদীপ ,
হঠাৎ দীর্ঘশ্বাসে
যাবোই যাবো ,যাবোই আমি ,যাবো অনেক দূরে
স্বপ্নে পলক থির হোলো ,বিজুরী বা চমকায়
যাবোই যাবো , যাবোই আমি ,যাবো অনেক দূর

হঠাত যদি উতলা সে ,হোক না ছল কাক
চড়ুক পারা ,এক গমকে, ফাটুক সীসার মুখ
জল ফুটুক ,কমল ও বা, একটা দুটো
গোলাপী দল ,গোলাপী ঠোঁট ,পড়ুক অসুখ ,সুখ
বুকের মধ্যে পুরোনো মানুষ .পুরোনো শরীর , হোক তা হোক
ভাঙ্গুক আমার ,নীল মালিনী মুখ

কিনারা

কাঁচের চুড়ির মতো ভাঙ্গন প্রবণ ,তাই
ঝনঝন ,মোহকথা ,রশ্মি এত
সব তুমি বোঝো
হয়তবা এসব তোমার ও খেলার
অথবা আমি ই খেলাচ্ছলে এবং
এছাড়া জীবন কী' ই বা বল
গলানো কাঁচ ফের চুড়ি হোতে পারে
হতে পারে শৌখিন কথাদের বাড়ি
অথবা জানালায় যে আড়াল করেছে আলো ;

ভাঙ্গাচোরা মানুষ সারাটা জীবন ঠোঁটে ঠোঁট চেপে
শোধ করে কোন সে ঋণ

ঋতু বদলায় ,রক্তের রাগ নীলাভ হতে হতে

থেমে যেতে চায়

কিন্তু যা হোলো ,তাকেতো গলানো যায় না আর

ঋণ শোধ করতেও জানে না সে

অনন্য গর্ভা বাকচোর সে' ও তা`ই শেষে

খাদের ই পাশে এসে দাঁড়ায়

প্রস্তুত ,কিন্তু দৃশ্যত হারে নি সে

পারানি

পথ দেখলেই মনে হয়, যাই
নৌকো দেখতে ,বাঁধা- ঘাটে ঘুরে আসি
দু`একবার তোমাকেও দেখি চরের বুকে
এই তো এপার ওপার ,কতই বা দূরের হবে
ঘাসফুলের মাঝখানে, সে পার দিকে চোখ
ভাবি একদিন চলে যাবো
যাওয়া হয় না , যাওয়া আর খুব সহজ নয়
মনে হয় ,তবু যাবো ,ঠিক একদিন যাবো
তবে একসাথে হব না আমরা আর
অনেক বাঁধা ,ভ্রূকুটি
তাছাড়া সময়ের অনেক ব্যাবধান
মাঝে সীমানা ,পাহারাও আছে অনেক
একসাথে যেতে গিয়ে একজন হঠাৎ আগেই থেমে যাবে
এ দুঃখ জেনে বুঝে না আনাই ভালো
সেই ভেবে দূরে থাকি ,জেনো

তবুত` আকাশ দিগন্তে ঝুঁকে নেমে যায়
মেলবার প্রয়াস অনন্ত কালের সাক্ষীর মতো
হাতছানি দেয় ,ডাকে
ভালোবাসা পেয়ে ,মানুষও যেমন ভাবে, সেও বেসেছে
ভালো

কিন্তু পারা ,না-পারার ব্যাবধান নদী মাঝখানে থেকে যায়
একটা কিছু কী যেন নেই ,আমরা খুঁজে মরি
সামান্য জীবন ,বাঁধাও অনেক ,কেউ কি দেবে তাকেও
নৌকো পারানি

জেনেসিস

কোমলতায় মুখ রাখবো
আগুনেতে হাত
তোমার সাথে থাকবো মাত্র
সাত দিন সাত রাত
ছয়টি দিনের এক এক করে ভাগ
প্রতিটিতেই আমার তোমার
কাজ , কাজ , আর কাজ
এটা গড়ো ,ওটা গড়ো
ঘুরিয়ে দাও গ্রহগুলো সূর্য্যের চারপাশ

ফুল ,ফল ও বৃক্ষলতা
সকলেরই একটি এই গোলোকমাতা
সপ্তম দিন সাতটি স্বরে, মাটির প'রে বসে
কী গান তোমার বাঁধার ছিলো শেষে
সেই কথাতেই আসবো আমরা সবাই

অনেক আকাশ ভেঙ্গেছে পথে ,

জীবন তবু বাকি

আরও `একবার` আসুক তবে ,

ভুল কোরেই আগুন হাতে রাখি ।

স্বপ্ন ছুঁয়ে

কাছে এলে তোমাকে পাই না ,তাই

হারিয়ে তোমাকে পাবো ,ভাবি

একদিন স্বপ্নের থেকে আড়মোড়া ভেঙ্গে ঘুম ,যখন

জাগাবে না আমাকে আর

সেইদিন সূর্য্যের মতো ,আমিও

আকাশ লিখবো সারাদিন

তারপর পৃথিবীর মানুষেরা দেখবে,তোমাকে

অলীক রঙ লেখা আকাশ ,

উপুড় হোয়ে বৃষ্টিতে ঝরে ,আর

মোহনার দিকে গল্পে , বন্ধুকে

স্বপ্নে , ছুঁতে চায়

অঘ্রানের শেষে

এতোদিন বলিনি তোমাকে ,আজ বলি
তাপ কম ,শীতের কুয়াশা ঝরে গেলে ,এ দুপুরে
ধর ,আমি আর সদাগরী নই ,সাধারণ এই
ছিপছিপে রোগা ডিঙাখানি নিয়ে ,তোমার বুকেতে
আকাশের সাথে ভাসি ;পশ্চিমে পড়েছে মাথা
পূবের দিকে পা ;টান পড়ে গেছে সময়ের ; তবু
যদি এই দেখার নীল স্রোতে শুয়ে একবার জড়াই ,নদী
তুমিও লুকিয়ে প্রতিবেশী চোখ ,বুকের উপর
ঝরা কুয়াশায় ,তারপর একটু একটু সূর্য্য শুষে নিয়ে
লুকিয়ে তাকেও রক্তস্রোতে ,একবার পারো না কি
জটের মতো জড়িয়ে পেঁচিয়ে পাগলিনী প্রায়
এই দুর্দিনের সংসারে সমস্ত জলস্রোত নিয়ে একবার
মাত্র একবার তাকে ,ভাসিয়ে নিয়ে ঠাঁই থেকে কেড়ে
চূর্ণ বিচূর্ণ করে
মুছে দিতে

এই ভ্রম এই সত্যি

১

এই ভ্রম যেন সত্যি না হয় কখনো
এই ভ্রম যেন আপাতের মধ্যে থেকে যায় অনন্তকাল্
পৃথিবীতে অনেক বস্তু আছে ,কেউ বদলায় ,কেউ আবার
বদলায় না
অনেক প্রাণ আছে ,রূপের আছে রূপান্তর
তার টানে টানে রূপ -টান লাগে
আজীবনের জীবন কখন ধূলায় এসে লুটিয়ে পড়ে থাকে
কেউ তোলে না ,দেয় না শুশ্রূষাও

পৃথিবীতে অনেক ঘটনা আছে ,আরও বহু বস্তুস্থিতি
কিন্তু সত্যি নেই
মানুষের স্বার্থ ছাড়া
পৃথিবীতে কোনো সত্যি নেই

২

এও মনে হয় ,আগে এসেছি আগে যাবো

দূরে নক্ষত্রের পাশে ,নক্ষত্র হোয়ে জ্বলতে যাবো

তোমাকে নেবো না ,তোমার স্মৃতিকে নেব

আর কিছু নয়

পার্থিব কিছু নিতে দেবে না তোমার ঈশ্বর

দুঃখ নেব ,জীবনকে নেব

দেখো নক্ষত্রের আলো কোথাও পড়ে না

কিন্তু দুঃখীর ঘরে অন্ধকারে কেউ তাকে দেখে ,নতুবা

সেও তো এতোকাল জ্বলতে পারতো না

যুদ্ধের ছড়া

আর্মি ব্যারাক ,কোরক

চারপাশে আলো

বুঝতে পারি রাত পোহালো

আর্মি ব্যারাক ,কামান

বাচ্চা মেয়ে বললো ,নামান

এখনও তো অনেক পথ বাকি

আসুন তবে এ হাতে জল রাখি

আর্মি ব্যারাক ,গোলা

কিশোরী এক ,বসিয়ে দিলো

বললো ,ওড়ো , এবার ভোলা

উড়তে যাবো ,কামান মড় মড়

গুঁড়িয়ে গেলো লোহা লক্কড়ও

জাহাজ ডেকে কাপ্তেন,

যুবতীও এক ,বললো তাকে

সমুদ্দুরে যাবেন

কোথাও একটা থেমেছিলো

কারখানা বা কবরখানা

কামান গুঁড়ো ,ছাই

পাশেই মাঠ ,গাছ-গাছালি

পাখি

প্রৌঢ়া এক ,বললো ,এসো

এমনিতেই দেরি করেছো

আজব দেশ

পোশাক নেই , লজ্জাও না ;

ঘৃণাও নেই দেখতে পেলাম চোখে

আর্মি ব্যারাক ,কামান

বললো সে

দু এক মিনিট , আর এক বার দাঁড়ান

পোস্ট মডার্নে

পুরোনো কথা ,বললে জানি ,যাবই ফেঁসে
চুপ করে তা`ই হাত রাখছি চুপি চুপি
বলেই রাখি
পোস্টমডার্নে ,তোমার হাতে
যদিও শেকল যেমন ছিলো অথবা সে
শেকল ভূত আমার   ভয়ে চুপি চুপি
বলেই রাখি
আমার দোষে চেপেই থাকে ;কিন্তু
যতই থাকনা বাধা
তোমার পাশে পটকা কালো আমি
তুমিই আমার রাধা

রক্ত পলাশের কবিতা

কাঁধে কাঁধ ছুঁয়ে আছে
হাতে হাত ধরা
মাঝখানে অন্ধকার মাঠ

ফসল ক্ষেতের পারে বাড়ি ;

কা`র বাড়ি?

তার`ও প`রে আকাশ
নুয়ে ছুঁয়ে আছে যেন মাটি

টানা রেখার আড়াল থেকে একা
উঠে আসে সে`ও রোজ ;একা
তবু অন্ধকার আছে

এই আশা , ফাল্গুন জানে
তা`ই হাটি;

অন্ধকার মাঠ চিরে গেছে আল
পিছনে তাকিয়ে দেখি
কোন মুখ আজও
রক্তপলাশের মতো লাল

www.ingramcontent.com/pod-product-compliance
Ingram Content Group UK Ltd.
Pitfield, Milton Keynes, MK11 3LW, UK
UKHW042000190726
13854UKWH00005B/2083